Guía de Programación de JAVASCRIPT para Principiantes

PASO A PASO

ISAAC WILLIAMS

Copyright © 2024 Isaac Williams

Todos los derechos reservados.

DEDICATORIA

Dedico este libro a todos los lectores, tanto aquellos que están dando sus primeros pasos en el mundo de la programación como aquellos que continúan aprendiendo y creciendo, este libro está dedicado a ustedes. Que estas páginas sean el comienzo de un emocionante viaje hacia el dominio de JavaScript y el desarrollo de software.

CONTENIDO

INTRODUCCIÓN 1

CAPÍTULO 1: INTRODUCCIÓN A LA PROGRAMACIÓN CON PSEUDOCÓDIGO 4

CAPÍTULO 2: FUNDAMENTOS DE LA PROGRAMACIÓN EN JAVASCRIPT 10

CAPÍTULO 3: CONTROL DE FLUJO 17

CAPÍTULO 4: FUNCIONES 22

CAPÍTULO 5: ESTRUCTURAS DE DATOS 28

CAPÍTULO 6: MANIPULACIÓN DEL DOM 33

CAPÍTULO 7: FUNCIONALIDADES AVANZADAS DE ES6 40

CAPÍTULO 8: PROGRAMACIÓN ORIENTADA A OBJETOS EN JAVASCRIPT 47

CAPÍTULO 9: PROYECTOS PEQUEÑOS 53

CAPÍTULO 10: DEBUGGING Y BUENAS PRÁCTICAS 68

CAPÍTULO 11: PUBLICACIÓN Y DESPLIEGUE 76

CAPÍTULO 12: EXPLORANDO LOS FRAMEWORKS DE JAVASCRIPT 80

APÉNDICE: EJERCICIOS PRÁCTICOS 89

GLOSARIO 92

AGRADECIMIENTOS

Quiero expresar mi más sincero agradecimiento a todas las personas que han sido parte de este viaje hacia la creación de este libro. A aquellos que me inspiraron desde el inicio y creyeron en mí, a los mentores, colegas y amigos que compartieron su sabiduría y apoyo, y a mi familia por su amor incondicional. También agradezco a los lectores por elegir explorar estas páginas y espero que encuentren inspiración y aprendizaje en este viaje por el mundo de la programación. ¡Gracias a todos por formar parte de este emocionante proyecto!

INTRODUCCIÓN

¿Qué es la programación?

Imagina que la programación es como dar instrucciones a una computadora para que realice tareas específicas. Es como enseñarle a un robot lo que debe hacer. En lugar de usar palabras humanas, usamos un lenguaje de programación, como JavaScript, que la computadora puede entender.

¿Por qué aprender JavaScript?

JavaScript es uno de los lenguajes de programación más populares y versátiles. Se utiliza principalmente para crear sitios web interactivos. Con JavaScript, puedes hacer que los botones cambien de color al pasar el mouse sobre ellos, crear formularios que validen la información que ingresa el usuario y mucho más. Es un excelente punto de partida para aprender a programar.

Herramientas necesarias

Antes de comenzar a escribir código en JavaScript,

necesitarás algunas herramientas básicas:
Editores de código

Un editor de código es como un cuaderno donde escribirás tus instrucciones en JavaScript. Algunos editores populares son:

- **Visual Studio Code**: Es gratuito, fácil de usar y tiene muchas funciones útiles para programadores principiantes.
- **Atom**: Otro editor popular y fácil de usar.

Navegadores

Los navegadores son como las ventanas a través de las cuales veremos los resultados de nuestro código JavaScript. Algunos navegadores comunes son:

- Google Chrome
- Mozilla Firefox
- Microsoft Edge

Consola del navegador

La consola es una herramienta dentro del navegador que nos permite ver mensajes y errores que ocurren al ejecutar nuestro código. Es útil para depurar y entender lo que está sucediendo. Para abrir la consola:

- **En Chrome**: Haz clic derecho en la página web, selecciona "Inspeccionar" y ve a la pestaña "Consola".
- **En Firefox**: Haz clic derecho y selecciona "Inspeccionar elemento", luego ve a la pestaña

"Consola".

Práctica: Hola Mundo en JavaScript

Antes de profundizar más, vamos a escribir nuestro primer programa en JavaScript: el clásico "Hola Mundo". Esto nos ayudará a familiarizarnos con la sintaxis y ver cómo se ejecuta un programa simple.

Para escribir "Hola Mundo" en JavaScript, sigue estos pasos:

1. Abre tu editor de código (por ejemplo, Visual Studio Code).

2. Crea un nuevo archivo y guárdalo con el nombre hola-mundo.js.

3. Escribe el siguiente código en el archivo:

```javascript
console.log("Hola Mundo");
```

4. Guarda el archivo.

5. Abre tu navegador y ve a la página donde tengas el archivo hola-mundo.js.

6. Abre la consola del navegador para ver el resultado. Deberías ver "Hola Mundo" impreso en la consola.

¡Felicidades! Has escrito y ejecutado tu primer programa en JavaScript.

CAPÍTULO 1: INTRODUCCIÓN A LA PROGRAMACIÓN CON PSEUDOCÓDIGO

Empezaremos desde lo más básico, comprendiendo los conceptos fundamentales de la programación, y avanzaremos gradualmente mediante ejemplos prácticos en pseudocódigo. Prepárate para explorar los pilares esenciales de la programación y adentrarte en la resolución de problemas paso a paso.

¿Qué es la Programación?

La programación es el proceso de crear instrucciones que le indican a una computadora cómo realizar una tarea específica. Estas instrucciones se escriben en lenguajes de programación y pueden abordar una amplia gama de problemas, desde cálculos simples hasta la gestión de sistemas complejos.

Pseudocódigo

El pseudocódigo es un lenguaje informal utilizado para describir algoritmos de una manera clara y legible. A diferencia de los lenguajes de programación reales, el pseudocódigo no tiene una sintaxis estricta y puede expresarse de diversas formas.

Conceptos Fundamentales

Algoritmo

Un algoritmo es una secuencia finita de pasos bien definidos que resuelve un problema específico. Es como una receta que sigue una serie de pasos para alcanzar un resultado deseado.

Variables

Las variables son contenedores de datos que pueden almacenar valores y cambiar durante la ejecución del programa. Vamos a ver cómo definir variables y qué podemos hacer con ellas en pseudocódigo:

Definición de Variables:

Las variables se definen especificando el tipo de datos y el nombre de la variable. Aquí hay un ejemplo de cómo definir una variable de tipo entero y asignarle un valor:

```pseudocódigo
Entero edad = 25
```

En este ejemplo, hemos definido una variable llamada edad que contiene un valor de 25.

Uso de Variables:

Las variables se pueden usar para almacenar valores y realizar cálculos. Por ejemplo, podemos usar variables para realizar operaciones aritméticas simples:

```pseudocódigo
Inicio
    // Definir variables
    Entero numero1 = 10
    Entero numero2 = 5
    Entero suma, resta, multiplicacion, division

    // Realizar operaciones aritméticas
    suma = numero1 + numero2
    resta = numero1 - numero2
    multiplicacion = numero1 * numero2
    division = numero1 / numero2

    // Mostrar resultados
    Escribir "La suma es:", suma
    Escribir "La resta es:", resta
    Escribir "La multiplicación es:", multiplicacion
    Escribir "La división es:", division
Fin
```

En este ejemplo, hemos definido variables para almacenar dos números (numero1 y numero2) y luego hemos realizado varias operaciones aritméticas utilizando esas variables.

Condicionales

Los condicionales son estructuras de control que permiten que un programa tome decisiones basadas en ciertas condiciones. Vamos a ver un ejemplo simple de cómo usar condicionales en pseudocódigo para determinar si un número ingresado por el usuario es positivo, negativo o igual a cero:

```pseudocódigo
Inicio
    // Definir variable para almacenar el número
    Entero numero

    // Solicitar al usuario que ingrese un número
    Escribir "Ingrese un número:"
    Leer numero

    // Comprobar si el número es positivo, negativo o igual a cero
    Si numero > 0 entonces
        Escribir "El número es positivo."
    Fin Si

    Si numero < 0 entonces
        Escribir "El número es negativo."
    Fin Si

    Si numero == 0 entonces
        Escribir "El número es igual a cero."
    Fin Si
Fin
```

En este ejemplo, utilizamos la estructura Si para verificar tres condiciones diferentes:

- Si el número es mayor que 0, imprimimos "El número es positivo".

- Si el número es menor que 0, imprimimos "El número es negativo".

- Si ninguna de las condiciones anteriores se cumple,

significa que el número es igual a 0, por lo que imprimimos "El número es igual a cero".

Bucles

Los bucles son estructuras de control que permiten que un programa repita una serie de instrucciones varias veces. Por ejemplo, "repetir esta tarea hasta que se cumpla una condición".

Ejemplo de Bucle For:

```pseudocódigo
Inicio
    // Definir variable para la suma
    Entero suma = 0

    // Repetir el bucle 5 veces
    Para Entero i = 1 hasta 5 con paso 1 hacer
        // Sumar el valor de i a la suma
        suma = suma + i
    Fin Para

    // Mostrar el resultado
    Escribir "La suma es:", suma
Fin
```

En este ejemplo, el bucle Para se repite 5 veces, sumando los valores de i a la variable suma en cada iteración.

Practica con Pseudocódigo

Ahora, te invito a practicar escribiendo tu propio pseudocódigo para resolver problemas simples, como calcular el área de un triángulo o determinar si un número es par o impar. Utiliza los conceptos fundamentales de la programación que acabamos de aprender y expresa tus soluciones de manera clara y lógica.

Conclusiones

El pseudocódigo es una excelente manera de familiarizarse con los conceptos básicos de la programación antes de sumergirse en un lenguaje de programación real.

CAPÍTULO 2: FUNDAMENTOS DE LA PROGRAMACIÓN EN JAVASCRIPT

Conceptos básicos

En este apartado, vamos a explorar algunos conceptos básicos de la programación que te ayudarán a comprender mejor cómo funciona JavaScript.

Variables

Las variables son como cajas en las que puedes guardar información para usar más tarde en tu programa. Por ejemplo, imagina una caja llamada nombre donde puedes guardar el nombre de una persona. En JavaScript, puedes crear una variable de la siguiente manera:

```javascript
let nombre;
```

Aquí, let es una palabra clave que le dice a JavaScript que estás creando una variable llamada nombre.

Después del = puedes asignarle un valor:

```javascript
let nombre = "Juan";
```

Ahora, la variable nombre contiene el valor "Juan".

Tipos de datos

En JavaScript, hay varios tipos de datos que puedes almacenar en variables:

- **Números**: como 5, 10.5, etc.

- **Cadenas de texto**: como "Hola", "JavaScript", etc. Siempre van entre comillas (" o ').

- **Booleanos**: **true** o **false**, que representan verdadero o falso.

- **Null y Undefined**: representan valores nulos o no definidos.

Operadores

Los operadores en JavaScript son símbolos que se utilizan para realizar operaciones en variables y valores. Algunos operadores básicos son:

- **Aritméticos**: **+** (suma), **-** (resta), ***** (multiplicación), **/** (división).

- **Asignación**: **=** (asigna un valor a una variable).

- **Comparación**: === (igualdad estricta), !== (desigualdad estricta), > (mayor que), < (menor que), etc.

- Lógicos: && (AND lógico), || (OR lógico), ! (NOT lógico).

Comentarios

Los comentarios son textos que puedes incluir en tu código para hacerlo más legible y explicar lo que estás haciendo. En JavaScript, puedes usar **//** para comentarios de una sola línea y **/* */** para comentarios de múltiples líneas:

```javascript
// Esto es un comentario de una línea

/*
Esto es un comentario
de múltiples líneas
*/
```

Práctica: Creando y Usando Variables

Vamos a practicar creando algunas variables y realizando operaciones básicas con ellas:

1. Abre tu editor de código.

2. Crea un nuevo archivo y guárdalo como variables.js.

3. Escribe el siguiente código:

```javascript
// Crear variables
let numero = 5;
let nombre = "María";
let esVerdadero = true;

// Mostrar variables en la consola
console.log(numero); // Deberías ver 5
console.log(nombre); // Deberías ver "María"
console.log(esVerdadero); // Deberías ver true

// Realizar operaciones
let suma = numero + 10;
console.log(suma); // Deberías ver 15

let mensaje = "Hola, " + nombre;
console.log(mensaje); // Deberías ver "Hola, María"
```

4. Guarda el archivo y ábrelo en tu navegador.

5. Abre la consola del navegador para ver los resultados de las operaciones que realizamos.

Primeros pasos con JavaScript

¿Qué es la consola y por qué es importante?

La consola del navegador es una herramienta vital para los desarrolladores web. Nos permite ver mensajes, errores y resultados de nuestro código JavaScript. Es como una ventana para comunicarnos con nuestra página web.

Para abrir la consola:

1. En Google Chrome: Haz clic derecho en la página web, selecciona "Inspeccionar" y ve a la pestaña "Consola".
2. En Mozilla Firefox: Haz clic derecho y selecciona "Inspeccionar elemento", luego ve a la pestaña "Consola".
3. Mostrando mensajes con console.log()

console.log() es una función en JavaScript que nos permite imprimir mensajes en la consola del navegador. Es útil para verificar si nuestro código está funcionando como esperamos.

Vamos a imprimir un mensaje de saludo en la consola:

1. Abre tu editor de código.
2. Crea un nuevo archivo HTML y guárdalo como index.html.
3. Escribe el siguiente código HTML básico:

```html
<!DOCTYPE html>
<html lang="es">
<head>
   <meta charset="UTF-8">
   <title>Mi primera página con JavaScript</title>
</head>
<body>
   <h1>Mi primera página con JavaScript</h1>

   <script>
      console.log("¡Hola desde JavaScript!");
```

```
</script>
</body>
</html>
```

4. Guarda el archivo y ábrelo en tu navegador.
5. Abre la consola del navegador para ver el mensaje impreso.

Usando alert() y prompt()

alert() y **prompt()** son dos funciones integradas en JavaScript que nos permiten interactuar con el usuario.

- **alert()**: Muestra un mensaje de alerta en una ventana emergente.

- **prompt()**: Muestra un mensaje y espera a que el usuario ingrese algo.

Vamos a ver un ejemplo de cada uno:

```html
<script>
    // Alerta
    alert("¡Hola desde una alerta!");

    // Prompt
    let nombre = prompt("Por favor, ingresa tu nombre:");
    console.log("El nombre ingresado es: " + nombre);
</script>
```

Cuando abras la página en tu navegador, verás primero la alerta y luego podrás ingresar tu nombre en el prompt. El nombre que ingreses se mostrará en la consola.

Práctica: ¡Tu turno!

Ahora es tu oportunidad de practicar. En el mismo archivo index.html, añade lo siguiente debajo del código anterior:

```html
<script>
// Escribe aquí tu propio código
</script>
```

Puedes probar a crear variables, hacer operaciones matemáticas simples, mostrar mensajes con **console.log()**, **alert()** o **prompt()**. ¡Sé creativo y diviértete!

Conclusión

En este apartado, hemos aprendido los primeros pasos con JavaScript:

- Utilizamos **console.log()** para mostrar mensajes en la consola.

- Exploramos **alert()** y **prompt()** para interactuar con el usuario.

- Practicamos escribiendo nuestro propio código JavaScript en una página web.

CAPÍTULO 3: CONTROL DE FLUJO

En este capítulo, vamos a aprender sobre el control de flujo en JavaScript. Esto nos permite tomar decisiones en nuestro código y repetir tareas según sea necesario.

Condicionales

Los condicionales son bloques de código que se ejecutan solo si se cumple una condición específica. En JavaScript, utilizamos las palabras clave if, else if, y else para crear condicionales.

if, else if, y else:

```javascript
let edad = 18;

if (edad < 18) {
    console.log("Eres menor de edad");
```

```
} else if (edad === 18) {
  console.log("Tienes 18 años");
} else {
  console.log("Eres mayor de edad");
}
```

En este ejemplo:

- Si la edad es menor que 18, se imprimirá "Eres menor de edad".

- Si la edad es exactamente 18, se imprimirá "Tienes 18 años".

- De lo contrario, se imprimirá "Eres mayor de edad".

Operadores Lógicos

Los operadores lógicos nos permiten combinar múltiples condiciones en un solo condicional.

- **&& (AND lógico)**: Se cumple si ambas condiciones son verdaderas.

- **|| (OR lógico)**: Se cumple si al menos una de las condiciones es verdadera.

- **! (NOT lógico)**: Niega una condición.

Ejemplo con && (AND lógico)

```javascript
let esAdulto = true;
let tieneLicencia = true;

if (esAdulto && tieneLicencia) {
    console.log("Puede conducir");
} else {
    console.log("No puede conducir");
}
```

En este caso, la persona puede conducir solo si es adulta y tiene licencia.

Bucles

Los bucles nos permiten repetir una tarea varias veces. En JavaScript, tenemos los bucles for, while, y do...while.

for Loop

El bucle for se usa cuando sabemos exactamente cuántas veces queremos repetir una tarea.

```javascript
for (let i = 1; i <= 5; i++) {
    console.log("Número: " + i);
}
```

Este bucle imprimirá los números del 1 al 5.

while Loop

El bucle while se usa cuando queremos repetir una tarea mientras se cumpla una condición.

```javascript
let contador = 0;
while (contador < 3) {
    console.log("Contador: " + contador);
    contador++;
}
```

Este bucle imprimirá el contador desde 0 hasta 2.

do...while Loop

El bucle do...while es similar al while, pero garantiza que la tarea se ejecute al menos una vez antes de verificar la condición.

```javascript
let x = 1;
do {
    console.log("Número: " + x);
    x++;
} while (x <= 3);
```

Este bucle imprimirá los números del 1 al 3.

Práctica

Ahora es tu turno de practicar. Usa lo que has aprendido

para escribir código que:

1. Verifique si un número es par o impar.
2. Repita una frase 5 veces.
3. Encuentre la suma de los números del 1 al 10.

Siéntete libre de probar diferentes combinaciones de condicionales y bucles para practicar más. Recuerda utilizar **console.log()** para ver los resultados en la consola del navegador.

Conclusión

En este capítulo, hemos aprendido sobre el control de flujo en JavaScript:

- Utilizamos condicionales (**if, else if, else**) para tomar decisiones basadas en condiciones.

- Exploramos operadores lógicos (**&&**, **||**, **!**) para combinar condiciones.

- Aprendimos sobre bucles (**for, while, do...while**) para repetir tareas según sea necesario.

CAPÍTULO 4: FUNCIONES

¿Qué son las funciones?

Imagina una función como una máquina que toma algo (entradas o argumentos), realiza una tarea específica con eso, y luego puede devolver algo (salida o retorno). Las funciones nos permiten escribir código que podemos usar una y otra vez sin tener que repetirlo.

Declaración de funciones

En JavaScript, podemos declarar una función de la siguiente manera:

```javascript
function saludar() {
    console.log("¡Hola!");
}
```

En este ejemplo, hemos declarado una función llamada saludar que simplemente imprime "¡Hola!" en la consola.

Llamando a una función

Para usar una función, simplemente la llamamos por su nombre:

```javascript
saludar(); // Esto imprimirá "¡Hola!" en la consola
```

Cuando llamamos a saludar(), el código dentro de la función se ejecuta y vemos "¡Hola!" impreso en la consola.

Parámetros y argumentos

Las funciones pueden aceptar información que se les pasa, llamada parámetros. Podemos pensar en los parámetros como variables internas de la función que usamos para realizar tareas específicas.

Ejemplo con parámetros

```javascript
function saludarPersona(nombre) {
    console.log("¡Hola, " + nombre + "!");
}

saludarPersona("Juan"); //"¡Hola, Juan!" en la consola
saludarPersona("María"); //"¡Hola, María!" en la consola
```

En este caso, nombre es un parámetro de la función saludarPersona. Cuando llamamos a la función con un nombre específico, ese nombre se usa dentro de la función para generar un saludo personalizado.

Retorno de valores

Las funciones pueden devolver un resultado después de realizar su tarea. Usamos la palabra clave return para especificar el valor que la función debe devolver.

Ejemplo con retorno

```javascript
function suma(a, b) {
    let resultado = a + b;
    return resultado;
}

let total = suma(5, 3);
console.log(total); // Esto imprimirá 8 en la consola
```

En este ejemplo, la función suma toma dos números como argumentos (a y b), los suma y luego devuelve el resultado. Luego, almacenamos ese resultado en la variable total y lo mostramos en la consola.

Alcance de las variables

Las variables dentro de una función tienen un alcance local. Esto significa que solo existen dentro de la función y no son accesibles desde fuera de ella.

Ejemplo de alcance

```javascript
function multiplicarPorDos(numero) {
    let resultado = numero * 2;
    return resultado;
}

console.log(resultado); // Esto dará un error, ya que resultado no está definido aquí
```

En este caso, resultado es una variable local de la función multiplicarPorDos y no puede ser accedida fuera de la función.

Funciones Anónimas y Arrow Functions (Funciones Flecha)

Además de las funciones tradicionales, JavaScript también tiene funciones anónimas y arrow functions, que son formas más compactas de escribir funciones.

Función Anónima

```javascript
let saludar = function() {
    console.log("¡Hola desde función anónima!");
};
saludar(); // Esto imprimirá "¡Hola desde función anónima!" en la consola
```

Arrow Function

```javascript
let saludar = () => {
  console.log("¡Hola desde arrow function!");
};
saludar(); // Esto imprimirá "¡Hola desde arrow function!" en la consola
```

Las arrow functions son especialmente útiles cuando queremos una sintaxis más corta y clara.

Práctica: Creando y Usando Funciones

Ahora es tu turno de practicar. Usa lo que has aprendido para escribir y usar funciones:

- Crea una función llamada cuadrado que tome un número como argumento y devuelva su cuadrado.

- Crea una función llamada saludarNombre que tome un nombre como argumento y devuelva un saludo personalizado.

- Usa estas funciones con diferentes valores y muestra los resultados en la consola.

Conclusión

En este capítulo, hemos explorado las funciones en JavaScript:

- Aprendimos qué son las funciones y cómo declararlas.

- Vimos cómo pasar parámetros a funciones y usarlos dentro de ellas.

- Entendimos el concepto de retorno de valores y el alcance de las variables dentro de funciones.

- Exploramos funciones anónimas y arrow functions como formas alternativas de escribir funciones.

CAPÍTULO 5: ESTRUCTURAS DE DATOS

Arrays

Un array es una colección ordenada de elementos. Puedes pensar en un array como una lista de elementos, donde cada elemento tiene una posición numérica llamada índice. En JavaScript, los arrays pueden contener cualquier tipo de datos, incluyendo números, strings, otros arrays, objetos, y más.

Creación de Arrays

```javascript
let numeros = [1, 2, 3, 4, 5];
let frutas = ["Manzana", "Banana", "Cereza"];
let mezclado = [1, "dos", true];
```

En estos ejemplos, hemos creado arrays con números, strings y una mezcla de diferentes tipos de datos.

Accediendo a Elementos

Para acceder a un elemento específico en un array, usamos su índice. El primer elemento tiene índice 0, el segundo índice 1, y así sucesivamente.

```javascript
console.log(numeros[0]); // Esto imprimirá 1
console.log(frutas[1]); // Esto imprimirá "Banana"
```

Modificando Elementos

Podemos modificar los elementos de un array asignando un nuevo valor a su índice.

```javascript
frutas[0] = "Naranja";
console.log(frutas); // Esto imprimirá ["Naranja", "Banana", "Cereza"]
```

Métodos de Array

JavaScript proporciona muchos métodos útiles para trabajar con arrays. Algunos ejemplos comunes son:

- push(): Agrega un nuevo elemento al final del array.

- pop(): Elimina el último elemento del array.

- splice(): Permite eliminar, reemplazar o agregar

elementos en posiciones específicas del array.

Objetos

Un objeto es una colección de pares de clave-valor. Cada valor en un objeto está asociado a una clave única. Esto nos permite organizar la información de manera más estructurada y descriptiva.

Creación de Objetos

```javascript
let persona = {
    nombre: "Juan",
    edad: 25,
    ciudad: "Madrid"
};
```

En este ejemplo, hemos creado un objeto persona con tres propiedades: nombre, edad y ciudad.

Accediendo a Propiedades

Podemos acceder a las propiedades de un objeto utilizando la notación de punto (.) o la notación de corchetes ([]).

```javascript
console.log(persona.nombre); // Esto imprimirá "Juan"
console.log(persona["edad"]); // Esto imprimirá 25
```

Modificando Propiedades

Podemos modificar las propiedades de un objeto de la misma manera que los elementos de un array.

```javascript
persona.edad = 30;
console.log(persona); // Esto imprimirá { nombre: "Juan", edad: 30, ciudad: "Madrid" }
```

Práctica con Arrays y Objetos

Ahora es tu turno de practicar con arrays y objetos:

- Crea un array llamado numeros con algunos números.

- Crea un objeto llamado coche con propiedades como marca, modelo, y año.

- Accede a elementos del array y propiedades del objeto.

- Modifica elementos del array y propiedades del objeto.

- Prueba algunos métodos de array como push() y splice().

- Experimenta con diferentes tipos de datos en arrays y objetos.

Conclusión

En este capítulo, hemos explorado las estructuras de datos en JavaScript:

- Aprendimos sobre los arrays y cómo almacenar y acceder a elementos en ellos.

- Exploramos los objetos y cómo representan colecciones de pares de clave-valor.

- Practicamos creando, accediendo, y modificando arrays y objetos.

CAPÍTULO 6: MANIPULACIÓN DEL DOM

¿Qué es el DOM?

El DOM es una representación estructurada de un documento HTML que el navegador puede entender y manipular. Cada elemento en una página web, como textos, imágenes, botones, etc., es un nodo en el árbol del DOM.

Selección de Elementos

Podemos seleccionar elementos del DOM utilizando métodos como getElementById(), getElementsByClassName(), getElementsByTagName(), y querySelector().

getElementById()

Este método selecciona un elemento por su ID único.

```html
<!DOCTYPE html>
<html>
<head>
  <title>Seleccionando Elementos</title>
</head>
<body>
  <h1 id="titulo">Bienvenido</h1>
  <p>Este es un párrafo de ejemplo.</p>

  <script>
    let titulo = document.getElementById("titulo");
    console.log(titulo); // Esto mostrará el elemento <h1 id="titulo"> en la consola
  </script>
</body>
</html>
```

getElementsByClassName()

Este método selecciona elementos por su clase.

```html
<!DOCTYPE html>
<html>
<head>
  <title>Seleccionando Elementos</title>
</head>
<body>
  <ul>
    <li class="item">Elemento 1</li>
    <li class="item">Elemento 2</li>
```

```html
  <li class="item">Elemento 3</li>
  </ul>

  <script>
    let items = document.getElementsByClassName("item");
    console.log(items); // Esto mostrará una lista de elementos con la clase "item" en la consola
  </script>
</body>
</html>
```

getElementsByTagName()

Este método selecciona elementos por su etiqueta.

```html
<!DOCTYPE html>
<html>
<head>
  <title>Seleccionando Elementos</title>
</head>
<body>
  <ul>
    <li>Elemento 1</li>
    <li>Elemento 2</li>
    <li>Elemento 3</li>
  </ul>
  <script>
    let listItems = document.getElementsByTagName("li");
    console.log(listItems);
  </script>
</body>
</html>
```

querySelector()

Este método permite seleccionar elementos utilizando selectores CSS.

```html
<!DOCTYPE html>
<html>
<head>
    <title>Seleccionando Elementos</title>
</head>
<body>
    <div id="contenedor">
        <p class="parrafo">Este es un párrafo.</p>
        <p class="parrafo">Este es otro párrafo.</p>
    </div>

    <script>
        let parrafo = document.querySelector(".parrafo");
        console.log(parrafo); // Esto mostrará el primer elemento <p class="parrafo"> en la consola
    </script>
</body>
</html>
```

Manipulación de Contenido

Una vez que hemos seleccionado un elemento del DOM, podemos cambiar su contenido utilizando las propiedades innerHTML y textContent.

innerHTML

La propiedad innerHTML permite obtener o establecer el

contenido HTML de un elemento.

```javascript
let parrafo = document.getElementById("parrafo");
parrafo.innerHTML = "<strong>Nuevo Contenido</strong>";
```

textContent

La propiedad textContent permite obtener o establecer solo el texto contenido en un elemento.

```javascript
let titulo = document.getElementById("titulo");
titulo.textContent = "Nuevo Título";
```

Manipulación de Estilos

También podemos modificar los estilos CSS de un elemento utilizando la propiedad style.

Cambiar el Color de Fondo

```javascript
let parrafo = document.getElementById("parrafo");
parrafo.style.backgroundColor = "yellow";
```

Cambiar el Tamaño de Fuente

```javascript
let titulo = document.getElementById("titulo");
titulo.style.fontSize = "24px";
```

Eventos

Los eventos son acciones que ocurren en la página web, como hacer clic en un botón, mover el mouse sobre un elemento, etc. Podemos asignar funciones para que se ejecuten cuando estos eventos ocurran.

Evento click

```html
<!DOCTYPE html>
<html>
<head>
  <title>Eventos</title>
</head>
<body>
  <button id="boton">Haz clic aquí</button>

  <script>
    let boton = document.getElementById("boton");
    boton.addEventListener("click", function() {
      alert("¡Botón clickeado!");
    });
  </script>
</body>
</html>
```

En este ejemplo, hemos asignado una función que muestra una alerta cuando se hace clic en el botón.

Práctica: Manipulación del DOM

Ahora es tu turno de practicar la manipulación del DOM:

- Selecciona un elemento de tu página web utilizando uno de los métodos vistos.

- Cambia su contenido utilizando innerHTML o textContent.

- Modifica algunos estilos CSS del elemento utilizando la propiedad style.

- Asigna un evento a un elemento para que ocurra algo cuando se realice una acción, como hacer clic en un botón.

Conclusión

En este capítulo, hemos aprendido sobre la manipulación del DOM en JavaScript:

- Aprendimos a seleccionar elementos del DOM utilizando diferentes métodos.

- Exploramos cómo cambiar el contenido y los estilos de los elementos.

- Asignamos eventos a elementos para que se ejecuten funciones cuando ocurran acciones en la página web.

CAPÍTULO 7: FUNCIONALIDADES AVANZADAS DE ES6

En este capítulo, exploraremos algunas de las funcionalidades más avanzadas introducidas en ECMAScript 6 (también conocido como ES6), que es una versión importante de JavaScript lanzada en 2015.

Estas funcionalidades hacen que escribir código JavaScript sea más fácil, conciso y poderoso.

Let y Const

ES6 introdujo let y const como nuevas formas de declarar variables, que tienen un alcance de bloque más estricto que var.

LET

Let se usa para declarar variables que pueden cambiar de valor.

```javascript
let nombre = "Juan";
nombre = "María"; // Esto es válido
```

CONST

Const se usa para declarar constantes, cuyo valor no puede cambiar una vez asignado.

```javascript
const PI = 3.1416;
// PI = 3; // Dará un error, no se puede reasignar una constante
```

Arrow Functions (Funciones Flecha)

Las arrow functions son una forma más concisa de escribir funciones en JavaScript, con una sintaxis más simple y un comportamiento diferente para this.

Sintaxis Básica

```javascript
// Función tradicional
function suma(a, b) {
    return a + b;
}
// Arrow function
let suma = (a, b) => a + b;
```

Con Parámetros y Cuerpo de Bloque

```javascript
// Arrow function con parámetros
let cuadrado = (x) => x * x;

// Arrow function con cuerpo de bloque
let cuadrado = (x) => {
    return x * x;
};
```

this en Arrow Functions

En las arrow functions, this se refiere al contexto léxico en el que se define la función, en lugar de al objeto que llama a la función.

```javascript
let persona = {
   nombre: "Juan",
   saludar: function() {
       setTimeout(function() {
           console.log("Hola, soy " + this.nombre);
// Esto dará un error, this no es la persona
       }, 1000);
   }
};
persona.saludar();
```

Para resolver este problema, podemos usar una arrow function:

```javascript
let persona = {
  nombre: "Juan",
  saludar: function() {
    setTimeout(() => {
      console.log("Hola, soy " + this.nombre);
// Esto mostrará "Hola, soy Juan"
    }, 1000);
  }
};
persona.saludar();
```

Template Strings

Los template strings son una forma más cómoda de trabajar con cadenas de texto en JavaScript, permitiendo interpolación de variables y expresiones.

Sintaxis

```javascript
let nombre = "Juan";
let edad = 25;
let mensaje = `Hola, me llamo ${nombre} y tengo ${edad} años.`;
console.log(mensaje);
// Esto mostrará "Hola, me llamo Juan y tengo 25 años."
```

Desestructuración (Destructuring)

La desestructuración es una forma de extraer valores de arrays u objetos y asignarlos a variables de una manera más compacta.

Desestructuración de Arrays

```javascript
let numeros = [1, 2, 3];
let [a, b, c] = numeros;
console.log(a); // Esto mostrará 1
console.log(b); // Esto mostrará 2
console.log(c); // Esto mostrará 3
```

Desestructuración de Objetos

```javascript
let persona = {
   nombre: "María",
   edad: 30
};
let { nombre, edad } = persona;
console.log(nombre); // Esto mostrará "María"
console.log(edad); // Esto mostrará 30
```

Default Parameters (Parámetros por Defecto)

ES6 permite definir valores por defecto para los parámetros de una función, que se utilizarán si no se proporciona un valor

al llamar a la función.
Sintaxis

```javascript
function saludar(nombre = "Usuario") {
  console.log("Hola, " + nombre);
}

saludar(); // Esto mostrará "Hola, Usuario"
saludar("Juan"); // Esto mostrará "Hola, Juan"
```

Práctica con Funcionalidades de ES6

Ahora es tu turno de practicar con las funcionalidades avanzadas de ES6:

- Utiliza let y const para declarar variables en tu código.

- Crea algunas arrow functions para realizar tareas simples.

- Experimenta con template strings para construir mensajes de texto.

- Practica la desestructuración con arrays y objetos.

- Define parámetros por defecto en algunas funciones y observa su comportamiento.

Conclusión

En este capítulo, hemos explorado algunas de las funcionalidades avanzadas introducidas en ECMAScript 6 (ES6):

- Aprendimos sobre let y const para declarar variables con un alcance de bloque.

- Exploramos las arrow functions como una forma más concisa y clara de escribir funciones.

- Utilizamos template strings para trabajar con cadenas de texto de manera más conveniente.

- Practicamos la desestructuración para extraer valores de arrays u objetos de forma más compacta.

- Vimos cómo los parámetros por defecto pueden ser útiles al definir funciones.

CAPÍTULO 8: PROGRAMACIÓN ORIENTADA A OBJETOS EN JAVASCRIPT

En este capítulo, exploraremos la programación orientada a objetos (POO) en JavaScript. La POO es un paradigma de programación que se basa en el concepto de "objetos" que pueden contener datos en forma de propiedades y funciones en forma de métodos. Vamos a aprender cómo crear clases, objetos, propiedades, métodos, y cómo trabajar con la herencia en JavaScript.

¿Qué es la Programación Orientada a Objetos?

La POO es un paradigma de programación que se basa en el concepto de "objetos", que son instancias de "clases". Una clase es un modelo que define las propiedades y los métodos comunes a un tipo de objeto.

Clases y Objetos

En JavaScript, podemos definir una clase utilizando la palabra clave class.

```javascript
class Persona {
  constructor(nombre, edad) {
    this.nombre = nombre;
    this.edad = edad;
  }

  saludar() {
    console.log(`Hola, soy ${this.nombre} y tengo ${this.edad} años.`);
  }
}

// Creando un objeto de la clase Persona
let persona1 = new Persona("Juan", 30);
let persona2 = new Persona("María", 25);

persona1.saludar(); // "Hola, soy Juan y tengo 30 años."
persona2.saludar(); // "Hola, soy María y tengo 25 años."
```

En este ejemplo, Persona es una clase con propiedades nombre y edad, y un método saludar() que muestra un mensaje.

Constructores y Métodos

El método constructor es un método especial que se llama automáticamente cuando se crea un objeto de la clase. Es donde inicializamos las propiedades del objeto.

```javascript
class Coche {
  constructor(marca, modelo) {
    this.marca = marca;
    this.modelo = modelo;
  }

  mostrarInfo() {
    console.log(`Coche: ${this.marca} ${this.modelo}`);
  }
}

let coche1 = new Coche("Toyota", "Corolla");
coche1.mostrarInfo(); // "Coche: Toyota Corolla"
```

Herencia

En la POO, la herencia es un mecanismo que nos permite crear una nueva clase basada en una clase existente. La nueva clase hereda propiedades y métodos de la clase base.

Sintaxis de Herencia

```javascript
class Animal {
  constructor(nombre) {
    this.nombre = nombre;
  }

  hacerSonido() {
    console.log("Haciendo sonido genérico");
```

```javascript
  }
}

class Perro extends Animal {
  constructor(nombre, raza) {
    super(nombre); // Llama al constructor de la clase base
    this.raza = raza;
  }

  hacerSonido() {
    console.log("Guau guau");
  }

  mostrarInfo() {
    console.log(`Perro: ${this.nombre}, Raza: ${this.raza}`);
  }
}

let miPerro = new Perro("Bobby", "Labrador");
miPerro.mostrarInfo(); // "Perro: Bobby, Raza: Labrador"
miPerro.hacerSonido(); // "Guau guau"
```

En este ejemplo, Perro es una clase que hereda de la clase Animal. Perro tiene su propio constructor y método hacerSonido(), pero también puede acceder a las propiedades y métodos de Animal gracias a super().

Métodos Estáticos

Los métodos estáticos son métodos de clase que se pueden llamar sin crear una instancia de la clase.

```javascript
class Utilidades {
  static sumar(a, b) {
    return a + b;
  }

  static restar(a, b) {
    return a - b;
  }
}

console.log(Utilidades.sumar(5, 3)); // Esto mostrará 8
console.log(Utilidades.restar(10, 4)); // Esto mostrará 6
```

Práctica con Programación Orientada a Objetos

Ahora es tu turno de practicar la POO en JavaScript:

- Crea una clase Producto con propiedades como nombre, precio, y un método mostrarInfo() que muestre la información del producto.

- Crea una subclase Libro que herede de Producto, con una nueva propiedad autor y un método mostrarAutor() que muestre el nombre del autor.

- Crea objetos de ambas clases y llama a sus métodos para verificar su funcionamiento.

Conclusión

En este capítulo, hemos explorado la Programación Orientada a Objetos en JavaScript:

- Aprendimos a definir clases y crear objetos a partir de ellas.

- Vimos cómo usar constructores y métodos en una clase.

- Exploramos el concepto de herencia y cómo una clase puede heredar propiedades y métodos de otra.

- Vimos cómo utilizar métodos estáticos en una clase.

CAPÍTULO 9: PROYECTOS PEQUEÑOS

En este capítulo, vamos a crear tres mini proyectos para aplicar los conocimientos adquiridos en JavaScript. Los proyectos son: una Calculadora, una To-Do List (lista de tareas), y una Galería de Imágenes. Te guiaré paso a paso en cada proyecto para que puedas entender y construirlos.

Proyecto 1: Calculadora

En este proyecto, crearemos una calculadora básica que puede realizar operaciones de suma, resta, multiplicación y división.

Paso 1: Estructura HTML

Comencemos creando la estructura HTML básica para nuestra calculadora.

```html
<!DOCTYPE html>
<html lang="es">
<head>
  <meta charset="UTF-8">
  <title>Calculadora</title>
  <link rel="stylesheet" href="styles.css">
</head>
<body>
  <div class="calculadora">
    <input type="text" id="resultado" disabled>
    <div class="botones">
      <button onclick="limpiar()">C</button>
      <button onclick="agregarNumero(7)">7</button>
      <button onclick="agregarNumero(8)">8</button>
      <button onclick="agregarNumero(9)">9</button>
      <button onclick="agregarOperacion('+')">+</button>
      <button onclick="agregarNumero(4)">4</button>
      <button onclick="agregarNumero(5)">5</button>
      <button onclick="agregarNumero(6)">6</button>
      <button onclick="agregarOperacion('-')">-</button>
      <button onclick="agregarNumero(1)">1</button>
      <button onclick="agregarNumero(2)">2</button>
      <button onclick="agregarNumero(3)">3</button>
      <button onclick="agregarOperacion('*')">*</button>
      <button onclick="agregarNumero(0)">0</button>
      <button onclick="agregarOperacion('/')">/</button>
      <button onclick="calcularResultado()">=</button>
    </div>
  </div>
```

```html
<script src="script.js"></script>
</body>
</html>
```

Paso 2: Estilos CSS

Vamos a agregar algunos estilos básicos para que nuestra calculadora se vea mejor.

```css
body {
   font-family: Arial, sans-serif;
   background-color: #f5f5f5;
   display: flex;
   justify-content: center;
   align-items: center;
   height: 100vh;
   margin: 0;
}

.calculadora {
   background-color: #fff;
   border-radius: 5px;
   box-shadow: 0 2px 10px rgba(0, 0, 0, 0.1);
   padding: 20px;
   width: 300px;
}

#resultado {
   width: calc(100% - 10px);
   margin-bottom: 10px;
   padding: 5px;
   font-size: 20px;
   border: 1px solid #ccc;
   border-radius: 3px;
```

```css
}
.botones {
   display: grid;
   grid-template-columns: repeat(4, 1fr);
   grid-gap: 5px;
}

button {
   padding: 10px;
   font-size: 18px;
   border: 1px solid #ccc;
   border-radius: 3px;
   background-color: #f9f9f9;
   cursor: pointer;
}

button:hover {
   background-color: #e0e0e0;
}
```

Paso 3: JavaScript

Ahora, vamos a crear el archivo script.js para agregar la funcionalidad de la calculadora.

```javascript
let resultado = document.getElementById('resultado');
let operacion = '';
let operando1 = '';
let operando2 = '';
let operacionPendiente = false;
function limpiar() {
   resultado.value = '';
```

```
    operacion = '';
    operando1 = '';
    operando2 = '';
    operacionPendiente = false;
}

function agregarNumero(numero) {
    if (operacionPendiente) {
        resultado.value = '';
        operacionPendiente = false;
    }
    resultado.value += numero;
}

function agregarOperacion(op) {
    operacion = op;
    operando1 = parseFloat(resultado.value);
    operacionPendiente = true;
}

function calcularResultado() {
    if (operacion !== '' && operando1 !== '' &&
resultado.value !== '') {
        operando2 = parseFloat(resultado.value);
        let resultadoFinal = 0;
        switch (operacion) {
            case '+':
                resultadoFinal = operando1 + operando2;
                break;
            case '-':
                resultadoFinal = operando1 - operando2;
                break;
            case '*':
                resultadoFinal = operando1 * operando2;
                break;
            case '/':
                resultadoFinal = operando1 / operando2;
```

```
      break;
}
resultado.value = resultadoFinal;
operacion = '';
operando1 = '';
operando2 = '';
  }
}
```

¡Listo! Ahora puedes abrir tu archivo HTML en un navegador y deberías ver una calculadora funcional. Puedes realizar operaciones básicas de suma, resta, multiplicación y división.

Proyecto 2: To-Do List (Lista de Tareas)

En este proyecto, crearemos una simple To-Do List donde los usuarios podrán agregar nuevas tareas, marcarlas como completadas y eliminarlas.

Paso 1: Estructura HTML

Comencemos creando la estructura HTML básica para nuestra To-Do List.

```html
<!DOCTYPE html>
<html lang="es">
<head>
    <meta charset="UTF-8">
    <title>To-Do List</title>
    <link rel="stylesheet" href="styles.css">
</head>
<body>
    <div class="todo">
        <h1>Lista de Tareas</h1>
        <input type="text" id="nuevaTarea" placeholder="Nueva tarea">
        <button onclick="agregarTarea()">Agregar</button>
        <ul id="listaTareas">
            <!-- Aquí se añadirán las tareas -->
        </ul>
    </div>
    <script src="script.js"></script>
</body>
</html>
```

Paso 2: Estilos CSS

Añadiremos algunos estilos básicos para nuestra To-Do List.

```css
body {
  font-family: Arial, sans-serif;
  background-color: #f5f5f5;
  display: flex;
  justify-content: center;
  align-items: center;
  height: 100vh;
  margin: 0;
}

.todo {
  background-color: #fff;
  border-radius: 5px;
  box-shadow: 0 2px 10px rgba(0, 0, 0, 0.1);
  padding: 20px;
  width: 300px;
}

h1 {
  margin: 0 0 10px;
  font-size: 24px;
}

input[type="text"] {
  width: calc(100% - 10px);
  margin-bottom: 10px;
  padding: 5px;
  font-size: 16px;
  border: 1px solid #ccc;
  border-radius: 3px;
}
```

```css
button {
    padding: 10px;
    font-size: 16px;
    border: 1px solid #ccc;
    border-radius: 3px;
    background-color: #f9f9f9;
    cursor: pointer;
}

button:hover {
    background-color: #e0e0e0;
}

ul {
    list-style-type: none;
    padding: 0;
}

li {
    margin-bottom: 5px;
}

.completed {
    text-decoration: line-through;
    color: #aaa;
}
```

Paso 3: JavaScript

Vamos a crear el archivo script.js para agregar la funcionalidad de la To-Do List.

```javascript
let nuevaTarea = document.getElementById('nuevaTarea');
let listaTareas = document.getElementById('listaTareas');

function agregarTarea() {
  let tareaTexto = nuevaTarea.value.trim();
  if (tareaTexto !== '') {
    let tareaElemento = document.createElement('li');
    tareaElemento.innerText = tareaTexto;
    tareaElemento.addEventListener('click', () => {
      tareaElemento.classList.toggle('completed');
    });
    listaTareas.appendChild(tareaElemento);
    nuevaTarea.value = '';
  }
}
```

¡Listo! Ahora puedes abrir tu archivo HTML en un navegador y deberías ver una To-Do List funcional. Puedes agregar nuevas tareas, marcarlas como completadas haciendo clic en ellas y eliminarlas si lo deseas.

Proyecto 3: Galería de Imágenes

En este proyecto, crearemos una galería de imágenes simple donde los usuarios pueden ver una selección de imágenes y hacer clic en ellas para verlas en tamaño completo.

Paso 1: Estructura HTML

Comencemos creando la estructura HTML básica para nuestra galería de imágenes.

```html
<!DOCTYPE html>
<html lang="es">
<head>
   <meta charset="UTF-8">
   <title>Galería de Imágenes</title>
   <link rel="stylesheet" href="styles.css">
</head>
<body>
   <div class="galeria">
      <h1>Galería de Imágenes</h1>
      <div class="imagenes">
         <img src="img/image1.jpg" alt="Imagen 1" onclick="abrirImagen('img/image1.jpg')">
         <img src="img/image2.jpg" alt="Imagen 2" onclick="abrirImagen('img/image2.jpg')">
         <img src="img/image3.jpg" alt="Imagen 3" onclick="abrirImagen('img/image3.jpg')">
      </div>
      <div id="modal" class="modal">
         <span class="cerrar" onclick="cerrarModal()">&times;</span>
         <img id="imagenModal" src="" alt="Imagen Modal">
      </div>
```

```html
    </div>
    <script src="script.js"></script>
</body>
</html>
```

Paso 2: Estilos CSS

Añadiremos algunos estilos básicos para nuestra galería de imágenes.

```css
body {
    font-family: Arial, sans-serif;
    background-color: #f5f5f5;
    display: flex;
    justify-content: center;
    align-items: center;
    height: 100vh;
    margin: 0;
}

.galeria {
    background-color: #fff;
    border-radius: 5px;
    box-shadow: 0 2px 10px rgba(0, 0, 0, 0.1);
    padding: 20px;
    width: 600px;
}

h1 {
    margin: 0 0 20px;
    font-size: 24px;
}
```

```css
.imagenes {
  display: grid;
  grid-template-columns: repeat(3, 1fr);
  grid-gap: 10px;
}

img {
  width: 100%;
  border-radius: 3px;
  cursor: pointer;
  transition: transform 0.3s;
}

img:hover {
  transform: scale(1.05);
}

.modal {
  display: none;
  position: fixed;
  z-index: 1;
  left: 0;
  top: 0;
  width: 100%;
  height: 100%;
  background-color: rgba(0, 0, 0, 0.7);
}

.modal img {
  display: block;
  margin: auto;
  max-width: 80%;
  max-height: 80%;
  cursor: pointer;
}

.cerrar {
```

```css
    position: absolute;
    top: 20px;
    right: 20px;
    font-size: 24px;
    color: #fff;
    cursor: pointer;
}
```

Paso 3: JavaScript

Vamos a crear el archivo script.js para agregar la funcionalidad de la galería de imágenes.

```javascript
let modal = document.getElementById('modal');
let imagenModal = document.getElementById('imagenModal');

function abrirImagen(rutaImagen) {
    modal.style.display = 'block';
    imagenModal.src = rutaImagen;
}

function cerrarModal() {
    modal.style.display = 'none';
}
```

¡Listo! Ahora puedes abrir tu archivo HTML en un navegador y deberías ver una galería de imágenes funcional. Puedes hacer clic en las imágenes para verlas en tamaño completo y cerrar el modal haciendo clic en la "X".

¡Felicidades! Has completado los mini proyectos de la Calculadora, To-Do List y Galería de Imágenes en JavaScript. Estos proyectos te permiten aplicar los conocimientos adquiridos y practicar tus habilidades de programación.

CAPÍTULO 10: DEBUGGING Y BUENAS PRÁCTICAS

En este capítulo, abordaremos el debugging (depuración) y algunas buenas prácticas de programación en JavaScript. También discutiremos la importancia de los comentarios y la legibilidad del código, el versionamiento con Git, y proporcionaremos recursos para seguir aprendiendo.

Herramientas de Debugging

El debugging es el proceso de identificar y corregir errores en el código. Aquí hay algunas herramientas comunes que pueden ayudarte en el debugging de tu código JavaScript:

Console.log()

console.log() es una de las herramientas más simples y útiles para imprimir mensajes y valores en la consola del navegador. Puedes utilizarlo para verificar el valor de variables y el flujo de tu programa.

Ejemplo:

```javascript
let nombre = "Juan";
console.log("El nombre es: ", nombre);
```

DevTools del Navegador

La mayoría de los navegadores modernos vienen con herramientas de desarrollo integradas, como Chrome DevTools o Firefox Developer Tools. Estas herramientas te permiten inspeccionar elementos, debuggear JavaScript, monitorear el rendimiento y más.

Puedes abrir las DevTools con:

- En Chrome: Haz clic derecho en cualquier parte de la página y selecciona "Inspeccionar" o presiona Ctrl + Shift + I.

- En Firefox: Haz clic derecho en cualquier parte de la página y selecciona "Inspeccionar elemento" o presiona Ctrl + Shift + I.

Breakpoints (Puntos de Interrupción)

Los breakpoints te permiten pausar la ejecución del código en puntos específicos y examinar el estado de las variables en ese momento. Puedes establecer breakpoints en DevTools haciendo clic en el número de línea en la que deseas pausar.

Debugger Statement

La declaración debugger es una forma de establecer un breakpoint directamente en tu código JavaScript. Cuando el motor JavaScript encuentra esta declaración, detiene la ejecución y abre las herramientas de debugging si están disponibles.

Ejemplo:

```javascript
Copy code
function miFuncion() {
    let x = 10;
    debugger; // El código se detiene aquí
    console.log(x);
}
```

Buenas Prácticas de Código

Comentarios y Legibilidad

Los comentarios son partes de código que no se ejecutan y se utilizan para explicar el propósito o funcionamiento del código. Es importante escribir comentarios claros y concisos para que otros puedan entender tu código fácilmente.

Ejemplo:

```javascript
// Esta función suma dos números
function sumar(a, b) {
    return a + b;
}
```

Además de los comentarios, es crucial seguir buenas prácticas de legibilidad:

- Usa nombres de variables descriptivos.
- Formatea tu código de manera consistente.
- Usa sangrías y espacios en blanco para mejorar la legibilidad.

Mejores Prácticas de Código

Evitar Variables Globales

Es una buena práctica limitar el uso de variables globales en tu código. Las variables globales pueden causar problemas de colisión de nombres y dificultar la depuración. En su lugar, utiliza variables locales o variables dentro de funciones cuando sea posible.

Ejemplo de variables locales:

```javascript
function sumar(a, b) {
    let resultado = a + b;
    return resultado;
}
```

Evitar Repetición de Código (DRY)

DRY significa "Don't Repeat Yourself" (No te repitas). Evita repetir bloques de código idénticos o similares. En su lugar, extrae el código repetido en funciones y reutilízalo en múltiples lugares.

Ejemplo:

```javascript
// Malo: Repetición de código
let nombre1 = "Juan";
console.log("Hola, " + nombre1);

let nombre2 = "María";
console.log("Hola, " + nombre2);

// Bueno: Utilizando una función
function saludar(nombre) {
    console.log("Hola, " + nombre);
}

saludar("Juan");
saludar("María");
```

Manejo de Errores

Siempre es importante manejar los errores en tu código para evitar que tu aplicación se bloquee o se comporte de manera inesperada.

Utiliza bloques try...catch para capturar y manejar errores de manera adecuada.

Ejemplo:

```javascript
try {
    // Código que puede lanzar un error
    // ...
} catch (error) {
    // Manejo del error
    console.error("Ha ocurrido un error:", error);
}
```

Versionamiento (Git)

Git es un sistema de control de versiones ampliamente utilizado que te permite realizar un seguimiento de los cambios en tu código a lo largo del tiempo. Algunos conceptos básicos de Git incluyen:

Repositorio

Un repositorio de Git es un lugar donde se almacena tu código y su historial de cambios. Puedes tener un repositorio local en tu máquina y/o un repositorio remoto en un servicio en la nube como GitHub o GitLab.

Commits

Un commit en Git es una instantánea de tus cambios en un punto específico en el tiempo. Cada commit tiene un mensaje descriptivo que explica los cambios realizados.

Ejemplo de un commit:

```bash
git commit -m "Añadir funcionalidad de login"
```

Ramas (Branches)

Las ramas en Git te permiten trabajar en diferentes versiones de tu código de manera aislada. Puedes crear una nueva rama para desarrollar una nueva característica sin afectar la rama principal (generalmente main o master).

Ejemplo de creación y cambio de rama:

```bash
git checkout -b nueva-funcionalidad
```

Push y Pull

git push se utiliza para enviar tus cambios locales a un repositorio remoto, mientras que git pull se utiliza para traer los cambios del repositorio remoto a tu repositorio local.

Ejemplo de push y pull:

```bash
git push origin main
git pull origin main
```

Recursos para Seguir Aprendiendo

- **Mozilla Developer Network (MDN)**: Ofrece una documentación completa y actualizada sobre JavaScript y sus funcionalidades.
    - Sitio web: *developer.mozilla.org*

- **FreeCodeCamp**: Plataforma educativa gratuita con cursos interactivos sobre JavaScript y desarrollo web.
    - Sitio web: *freecodecamp.org*

- **JavaScript.info**: Tutorial moderno y detallado sobre JavaScript, desde lo básico hasta temas avanzados.
    - Sitio web: *javascript.info*

Conclusión

En este capítulo, hemos explorado herramientas de debugging, buenas prácticas de código, el uso de Git para el versionamiento y recursos para seguir aprendiendo JavaScript. Es crucial adoptar buenas prácticas desde el principio para escribir código limpio, legible y fácil de mantener. El uso de Git te permitirá mantener un historial de cambios y colaborar de manera efectiva en proyectos.

CAPÍTULO 11: PUBLICACIÓN Y DESPLIEGUE

En este capítulo, abordaremos cómo publicar y desplegar tus proyectos de JavaScript para que estén disponibles en línea. Cubriremos cómo subir un proyecto a GitHub, cómo utilizar un servicio de hosting básico para mostrar tu proyecto en la web, una breve introducción a los frameworks de JavaScript (opcional) y algunos consejos finales.

Subir un Proyecto a GitHub

Paso 1: Crear un Repositorio en GitHub
1. Ve a GitHub y crea una cuenta si no tienes una.

2. En la esquina superior derecha, haz clic en el signo más (+) y selecciona "Nuevo repositorio".

3. Dale un nombre a tu repositorio, agrega una descripción opcional y elige si quieres que sea

público o privado.

4. Haz clic en "Crear repositorio".

Paso 2: Subir tu Código

1. En tu máquina local, navega hasta el directorio de tu proyecto.
2. Inicializa un repositorio Git con git init.
3. Agrega todos los archivos al repositorio con git add
4. Realiza tu primer commit con git commit -m "Primer commit".
5. Asocia tu repositorio remoto con git remote add origin URL_DEL_REPOSITORIO.
6. Sube tu código al repositorio remoto con git push -u origin main.

Hosting Básico

Para mostrar tu proyecto en línea, puedes utilizar servicios de hosting básico como GitHub Pages o Netlify. Aquí está cómo hacerlo con GitHub Pages:

GitHub Pages

GitHub Pages es un servicio gratuito que te permite hospedar sitios web estáticos directamente desde un repositorio de GitHub.

Paso 1: Preparar tu Proyecto

Asegúrate de que tu proyecto tiene una estructura adecuada con archivos HTML, CSS y JavaScript.

Si no lo has hecho aún, crea una rama gh-pages para tu sitio web:

```bash
git checkout -b gh-pages
```

Paso 2: Subir tu Proyecto a GitHub

- Sigue los pasos anteriores para subir tu proyecto a GitHub.
- Asegúrate de estar en la rama gh-pages.
- Sube tu código al repositorio remoto:

```bash
git push -u origin gh-pages
```

Paso 3: Configurar GitHub Pages

1. Ve a la página de configuración de tu repositorio en GitHub.

2. Desplázate hacia abajo hasta la sección "GitHub Pages".

3. Selecciona la rama gh-pages como fuente y guarda.

4. Ahora tu proyecto debería estar disponible en línea en la URL https://tuusuario.github.io/tuproyecto.

Consejos Finales

- **Practica Regularmente**: La práctica constante es clave para mejorar en la programación.

- **Explora Documentación y Ejemplos**: La documentación oficial y los ejemplos pueden ser tus mejores amigos.

- **Participa en Comunidades**: Únete a comunidades en línea como Stack Overflow o Reddit para obtener ayuda y aprender de otros.

Conclusión

En este capítulo, aprendimos cómo subir un proyecto a GitHub, utilizar GitHub Pages como servicio de hosting básico y algunos consejos finales para mejorar en el desarrollo web.

CAPÍTULO 12: EXPLORANDO LOS FRAMEWORKS DE JAVASCRIPT

En este capítulo, exploraremos los frameworks de JavaScript más populares: React, Vue y Angular. Comenzaremos con una breve explicación sobre qué es un framework y por qué deberías considerar usar uno. Luego, nos sumergiremos en cada uno de los tres frameworks, discutiendo sus fortalezas, debilidades y por qué podrías elegir uno sobre los otros.

¿Qué es un Framework y por qué deberías usar uno?

Un framework de JavaScript es una herramienta que proporciona una estructura y conjunto de herramientas predefinidas para facilitar el desarrollo de aplicaciones web. En lugar de tener que escribir todo el código desde cero, los frameworks ofrecen soluciones listas para usar para tareas comunes, como el manejo del estado, enrutamiento, manipulación del DOM y más.

Aquí hay algunas razones por las que deberías considerar usar un framework:

- **Productividad Mejorada:** Los frameworks ofrecen una base sólida y un conjunto de herramientas integradas que pueden acelerar el proceso de desarrollo y facilitar la creación de aplicaciones complejas.

- **Mantenimiento Simplificado:** Al seguir las convenciones y patrones de diseño del framework, tu código será más coherente y fácil de mantener a lo largo del tiempo.

- **Comunidad Activa:** Los frameworks populares suelen tener una gran comunidad de desarrolladores que comparten conocimientos, recursos y bibliotecas de código abierto, lo que puede ser extremadamente útil para resolver problemas y mejorar tu código.

- **Escalabilidad:** Los frameworks están diseñados para manejar aplicaciones de cualquier tamaño, desde pequeñas aplicaciones hasta proyectos empresariales a gran escala.

React: La Biblioteca para Construir Interfaces de Usuario

React es una biblioteca de JavaScript desarrollada por Facebook que se utiliza para construir interfaces de usuario interactivas y dinámicas. Aquí hay algunas de sus características principales:

Fortalezas:

- **Virtual DOM**: React utiliza un Virtual DOM para mejorar el rendimiento y la eficiencia de las actualizaciones del DOM, lo que resulta en una experiencia de usuario más rápida.

- **Component-Based**: React se basa en un enfoque de desarrollo orientado a componentes, lo que facilita la reutilización de código y la creación de interfaces modulares.

- **Amplia Comunidad**: React cuenta con una gran comunidad de desarrolladores que contribuyen con bibliotecas, herramientas y recursos, lo que facilita el aprendizaje y la resolución de problemas.

Debilidades:

- **Curva de Aprendizaje**: Para aquellos nuevos en React, la curva de aprendizaje puede ser empinada, especialmente para aquellos que no están familiarizados con el paradigma de desarrollo basado en componentes.

¿Por qué elegir React?:

Si estás construyendo una aplicación con una interfaz de usuario compleja que necesita manejar actualizaciones frecuentes y renderizado eficiente, React es una excelente opción. Su enfoque en el desarrollo de componentes y su Virtual DOM lo hacen ideal para aplicaciones dinámicas y altamente interactivas.

Vue: La Alternativa Ligera y Versátil

Vue.js es un framework progresivo de JavaScript que se utiliza para construir interfaces de usuario interactivas y dinámicas.

Desarrollado por Evan You, Vue ha ganado popularidad rápidamente debido a su simplicidad, flexibilidad y curva de aprendizaje suave.

A continuación, exploraremos las fortalezas, debilidades y por qué podrías elegir Vue.js para tu próximo proyecto:

Fortalezas:

- **Curva de Aprendizaje Suave**: Vue.js es conocido por su curva de aprendizaje suave, lo que lo convierte en una excelente opción para aquellos nuevos en el desarrollo de aplicaciones web.

- **Flexibilidad**: Vue.js es un framework progresivo, lo que significa que puedes usar tanto o tan poco de él como desees en tu proyecto. Puedes integrarlo gradualmente en proyectos existentes o comenzar desde cero.

- **Rendimiento Eficiente**: Vue.js utiliza un sistema de reactividad eficiente que minimiza los cambios de DOM y maximiza el rendimiento de la aplicación.

- **Documentación Clara y Concisa**: Vue.js cuenta con una documentación clara y concisa que facilita el aprendizaje y la referencia rápida.

Debilidades:

- **Tamaño de la Comunidad**: Aunque Vue.js tiene una comunidad activa y en crecimiento, su tamaño puede no ser tan grande como el de React o Angular, lo que puede llevar a una disponibilidad limitada de recursos y bibliotecas.

¿Por qué elegir Vue.js?:

Si estás buscando un framework ligero, fácil de aprender y altamente flexible para construir aplicaciones web interactivas, Vue.js es una excelente opción. Su enfoque centrado en el desarrollador, su curva de aprendizaje suave y su rendimiento eficiente lo hacen ideal para proyectos de cualquier tamaño.

Angular: El Framework Completo y Robusto

Angular es un framework de desarrollo de aplicaciones web desarrollado por Google. Es una opción popular para construir aplicaciones web complejas y escalables.

A continuación, exploraremos las fortalezas, debilidades y por qué podrías elegir Angular para tu próximo proyecto:

Fortalezas:

- **Arquitectura MVC**: Angular sigue una arquitectura Modelo-Vista-Controlador (MVC), lo que facilita la organización y estructuración del código de la aplicación.

- **Inyección de Dependencias**: Angular tiene un sistema de inyección de dependencias integrado que facilita la creación y prueba de componentes.

- **Rendimiento Optimizado**: Angular utiliza técnicas avanzadas de optimización de rendimiento, como la detección de cambios y el enlace de datos unidireccional, para garantizar un rendimiento óptimo incluso en aplicaciones complejas.

- **Angular CLI**: Angular CLI es una herramienta de línea de comandos que simplifica el proceso de desarrollo, prueba y despliegue de aplicaciones Angular.

Debilidades:

- **Curva de Aprendizaje Pronunciada**: Angular tiene

una curva de aprendizaje pronunciada, especialmente para aquellos que son nuevos en el desarrollo de aplicaciones web o que tienen experiencia con otros frameworks más simples como React o Vue.js.

- **Complejidad**: Para proyectos pequeños o aplicaciones simples, Angular puede ser demasiado complejo y sobrecargar el desarrollo.

¿Por qué elegir Angular?:

Si estás construyendo una aplicación grande y compleja que requiere una arquitectura sólida, un rendimiento optimizado y un conjunto completo de características, Angular es una excelente opción. Su enfoque en la modularidad, la organización del código y las prácticas de desarrollo escalables lo hacen ideal para proyectos empresariales y de gran escala.

En Resumen

- **React**: Ideal para aplicaciones dinámicas e interactivas con un enfoque en el desarrollo de componentes y actualizaciones eficientes del DOM.

- **Vue**: Una opción ligera y fácil de aprender para construir aplicaciones web interactivas con una curva de aprendizaje suave y una gran flexibilidad.

- **Angular**: Perfecto para proyectos grandes y complejos que requieren una arquitectura sólida, un rendimiento optimizado y un conjunto completo de características.

Cada uno de estos frameworks tiene sus propias fortalezas y debilidades, y la elección depende del tipo de proyecto que estés construyendo y tus preferencias personales.

APÉNDICE: EJERCICIOS PRÁCTICOS

Aquí tienes una serie de ejercicios prácticos diseñados para repasar y consolidar los conceptos aprendidos en este libro sobre programación en JavaScript desde cero. ¡Ponte a prueba y sigue mejorando tus habilidades!

- **Ejercicio 1: Variables y Operadores**

    1. Declara dos variables, numero1 y numero2, e inicialízalas con valores numéricos.

    2. Realiza las siguientes operaciones utilizando las variables declaradas: suma, resta, multiplicación, división, y módulo.

    3. Imprime el resultado de cada operación en la consola.

- **Ejercicio 2: Condicionales**

    1. Declara una variable llamada edad e inicialízala con un valor numérico.

2. Utiliza una estructura condicional para determinar si la persona es mayor de edad (mayor o igual a 18 años) o no.

3. Imprime un mensaje en la consola indicando si la persona es mayor de edad o no.

- **Ejercicio 3: Bucles**

    1. Utiliza un bucle Para para imprimir los números del 1 al 10 en la consola.

    2. Utiliza un bucle Mientras para imprimir los números del 1 al 10 en la consola.

- **Ejercicio 4: Funciones**

    1. Crea una función llamada calcularAreaRectangulo que tome dos parámetros, base y altura, y devuelva el área del rectángulo (base * altura).

    2. Llama a la función con valores específicos para base y altura e imprime el resultado en la consola.

- **Ejercicio 5: Arrays**

    1. Declara un array llamado nombres que contenga varios nombres de personas.

    2. Utiliza un bucle Para para imprimir cada nombre en el array en la consola.

- **Ejercicio 6: Objetos**

    1. Crea un objeto llamado persona con las siguientes propiedades: nombre, edad y ciudad.

2. Imprime cada propiedad del objeto en la consola.

- **Ejercicio 7: Manipulación del DOM**

    1. Crea un archivo HTML con un botón y un párrafo vacío.

    2. Utiliza JavaScript para agregar un evento al botón que cambie el texto del párrafo por "¡Hola, mundo!" cuando se haga clic en el botón.

- **Ejercicio 8: Manipulación del DOM Avanzada**

    1. Modifica el ejercicio anterior para que, en lugar de cambiar el texto del párrafo, se agregue un nuevo párrafo al documento con el texto "¡Hola, mundo!" cuando se haga clic en el botón.

- **Ejercicio 9: Proyecto Final**

    1. Elige un proyecto pequeño y trata de implementarlo por tu cuenta utilizando los conceptos aprendidos en este libro.

    2. Si te sientes seguro, intenta mejorar y expandir tu proyecto agregando nuevas funcionalidades.

GLOSARIO

- **JavaScript**: Un lenguaje de programación de alto nivel que se utiliza principalmente para agregar interactividad a las páginas web.

- **HTML (HyperText Markup Language)**: El lenguaje de marcado estándar utilizado para crear páginas web y aplicaciones web.

- **CSS (Cascading Style Sheets)**: Un lenguaje utilizado para describir el estilo y la presentación de documentos HTML.

- **Framework**: Una estructura de soporte definida en la que otro software puede ser organizado y desarrollado.

- **Virtual DOM**: Una representación en memoria de un árbol de objetos DOM (Document Object Model) que permite realizar actualizaciones eficientes en el DOM real.

- **Componente**: Una parte reutilizable y modular de una interfaz de usuario que encapsula la funcionalidad y el estilo.

- **Curva de Aprendizaje**: El tiempo y esfuerzo necesarios para aprender y dominar una nueva tecnología o concepto.

- **DOM (Document Object Model)**: Una representación jerárquica de documentos HTML o XML que permite interactuar con la estructura y el contenido de una página web.

- **Framework Progresivo**: Un framework que se puede adoptar de forma gradual, permitiendo a los desarrolladores agregar solo las características que necesitan.

- **Inyección de Dependencias**: Un patrón de diseño en el que las dependencias de un objeto se suministran desde el exterior en lugar de ser creadas internamente.

- **CLI (Command Line Interface)**: Una interfaz de línea de comandos que permite a los usuarios interactuar con un programa utilizando comandos de texto.

- **Rendimiento**: La velocidad y eficiencia con la que una aplicación o sistema realiza una tarea.

- **Modularidad**: El principio de dividir un programa en módulos separados que son más fáciles de desarrollar, mantener y reutilizar.

- **SPA (Single Page Application)**: Una aplicación web que carga una sola página HTML y actualiza el contenido dinámicamente a medida que el usuario interactúa con la aplicación.

- **Git**: Un sistema de control de versiones distribuido utilizado para rastrear cambios en el código fuente durante el desarrollo de software.

- **Firebase**: Una plataforma de desarrollo de aplicaciones móviles y web desarrollada por Google que proporciona una variedad de servicios en la nube, incluido Firebase Authentication.

- **GitHub**: Una plataforma de alojamiento de código fuente basada en la web que utiliza Git para el control de versiones y la colaboración en proyectos de software.

- **Hosting**: El proceso de almacenar y hacer accesible un sitio web o aplicación web en un servidor remoto.

- **DOM Manipulation**: La capacidad de modificar la estructura y el contenido de un documento HTML utilizando JavaScript.

- **Framework Orientado a Componentes**: Un framework que se basa en la creación y reutilización de componentes como la unidad básica de desarrollo.

- **Angular CLI**: Una interfaz de línea de comandos que facilita el desarrollo, prueba y despliegue de aplicaciones Angular.

- **Optimización de Rendimiento**: El proceso de mejorar el rendimiento de una aplicación web mediante técnicas como el código eficiente y la carga rápida de recursos.

- **React Native**: Un framework de desarrollo de aplicaciones móviles que permite a los desarrolladores construir aplicaciones nativas utilizando React y JavaScript.

- **Vue CLI**: Una herramienta de línea de comandos para desarrollar aplicaciones Vue.js que facilita la configuración y el despliegue de proyectos Vue.

- **Comunidad**: Un grupo de personas que comparten intereses comunes y se apoyan mutuamente en la búsqueda de objetivos similares.

www.ingramcontent.com/pod-product-compliance
Lightning Source LLC
Chambersburg PA
CBHW070305230526
45470CB00002B/738